FARBTEST

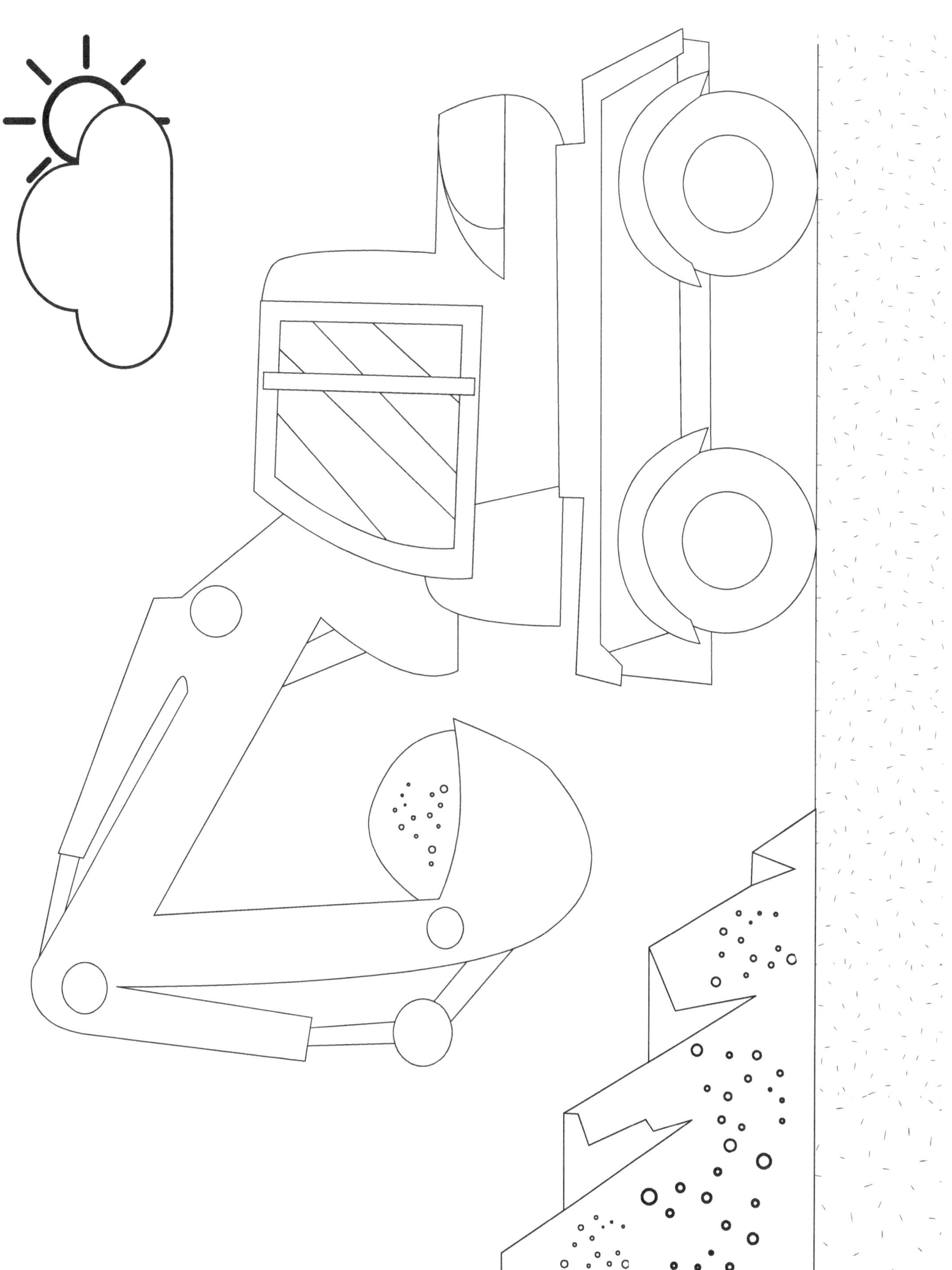

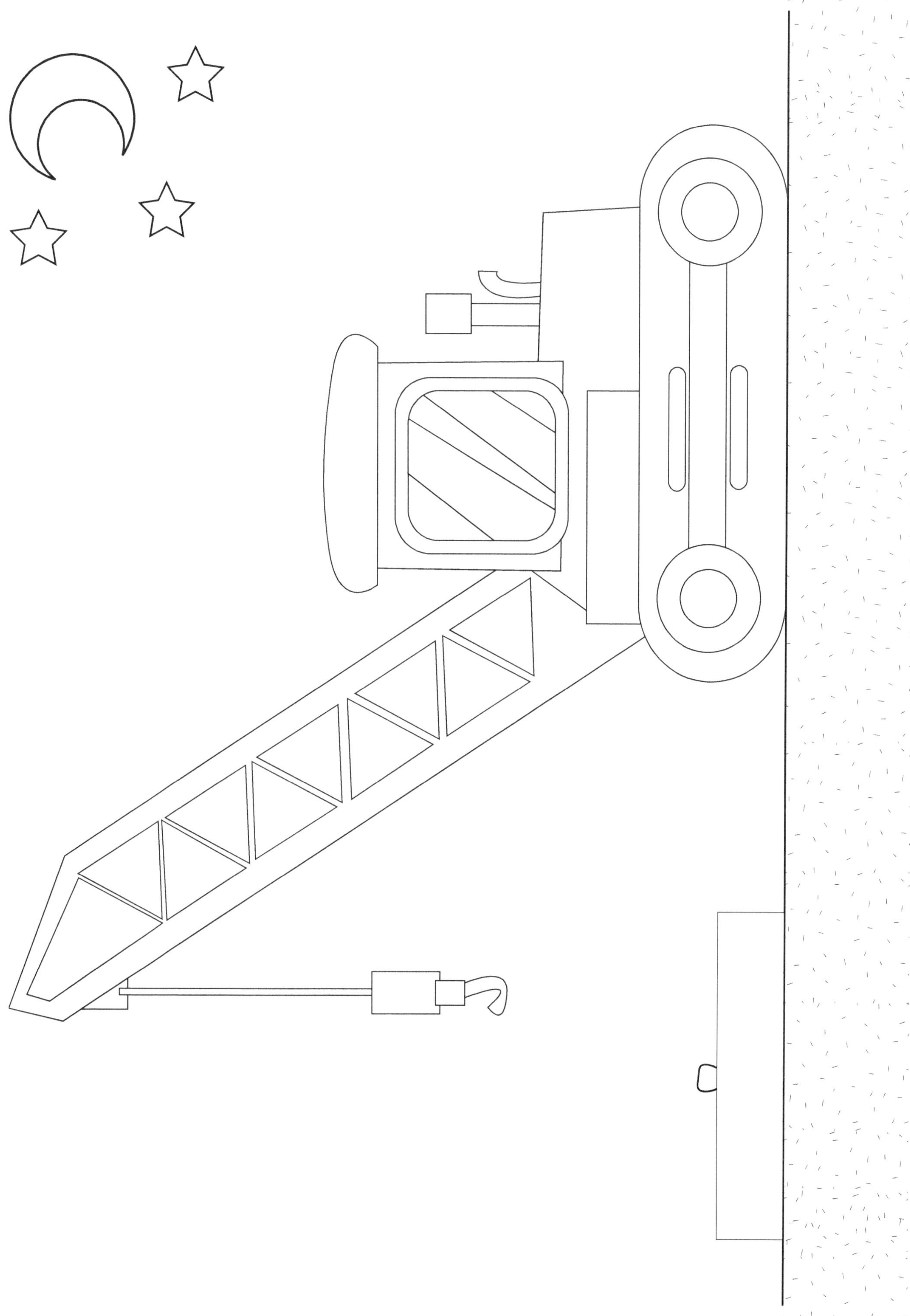

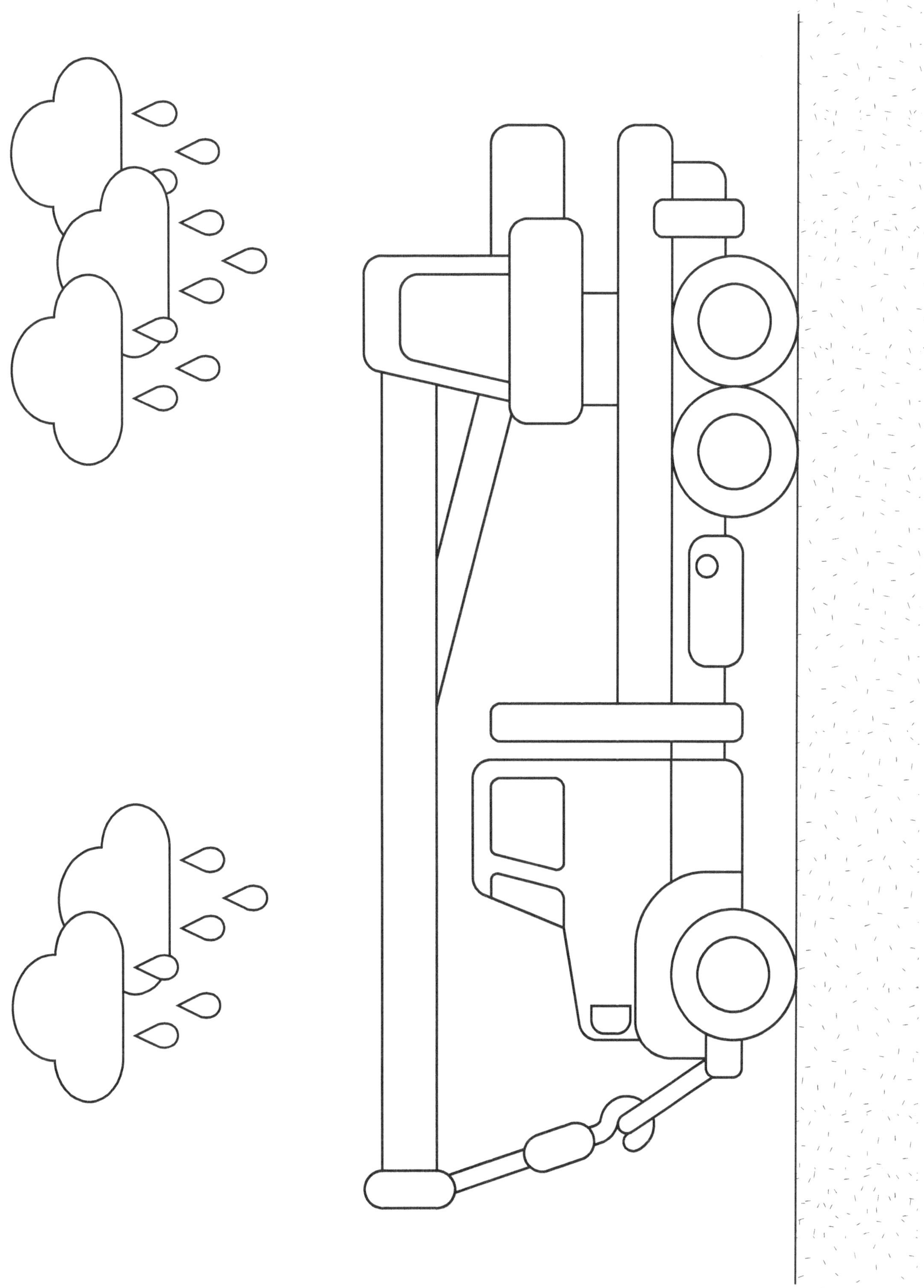

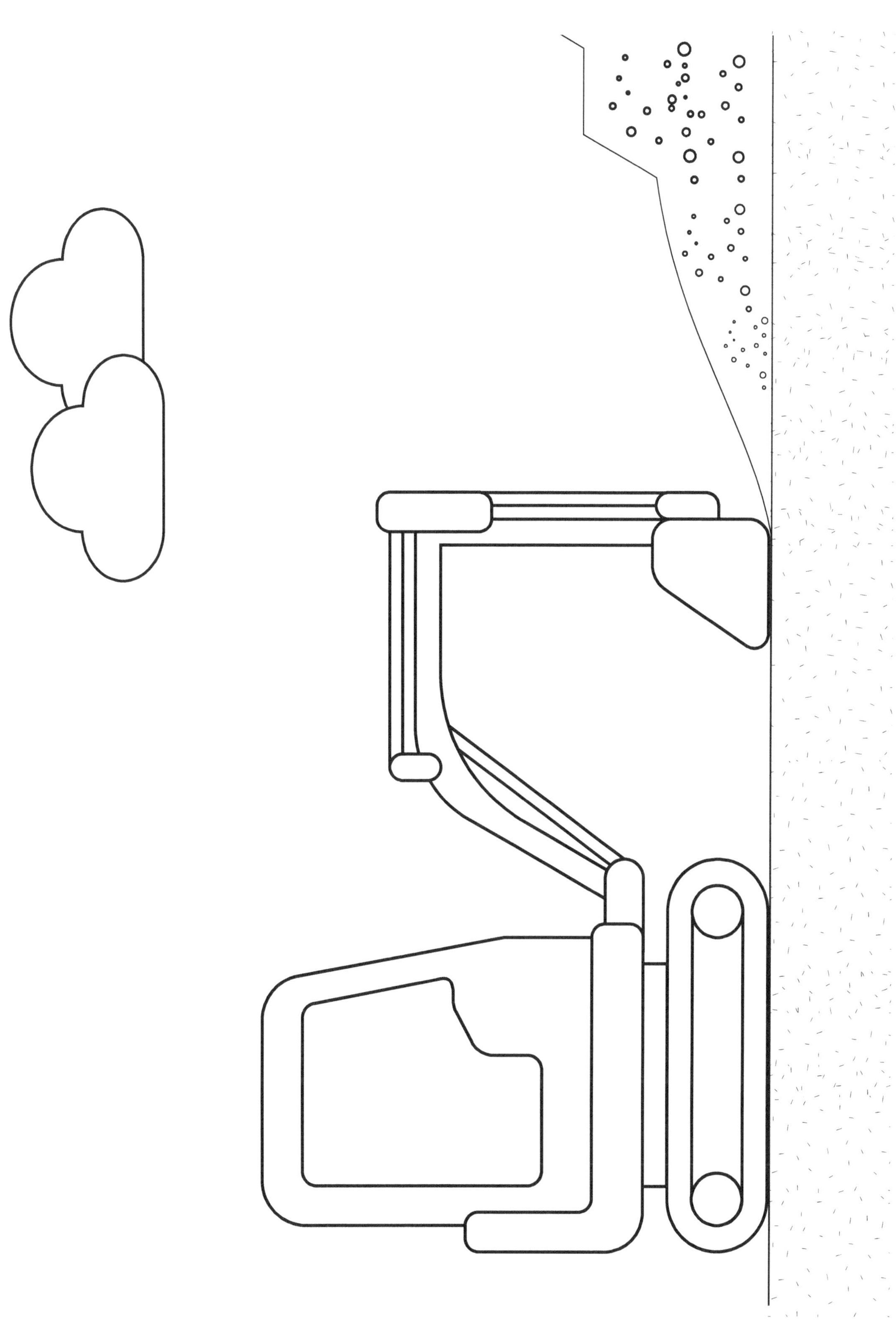

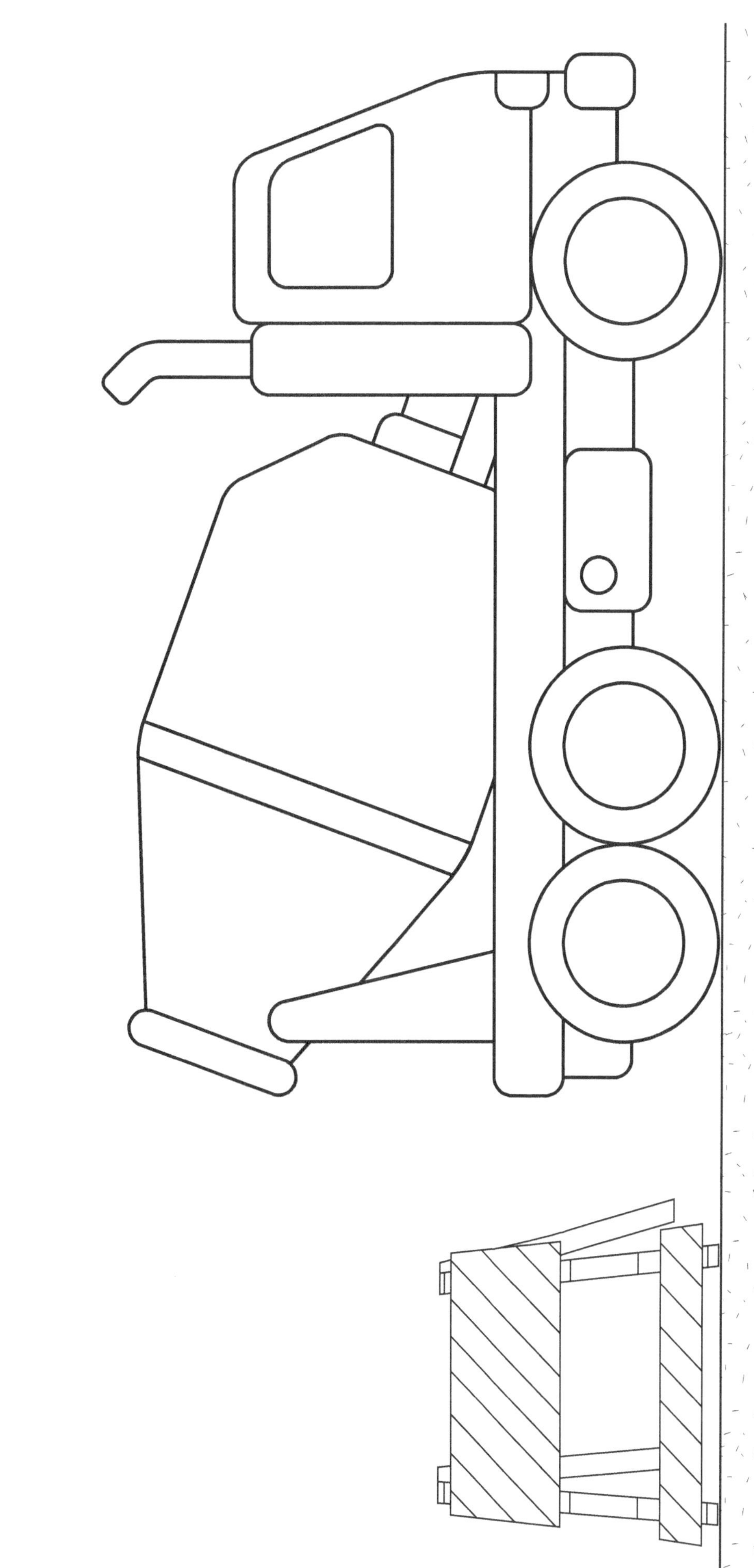

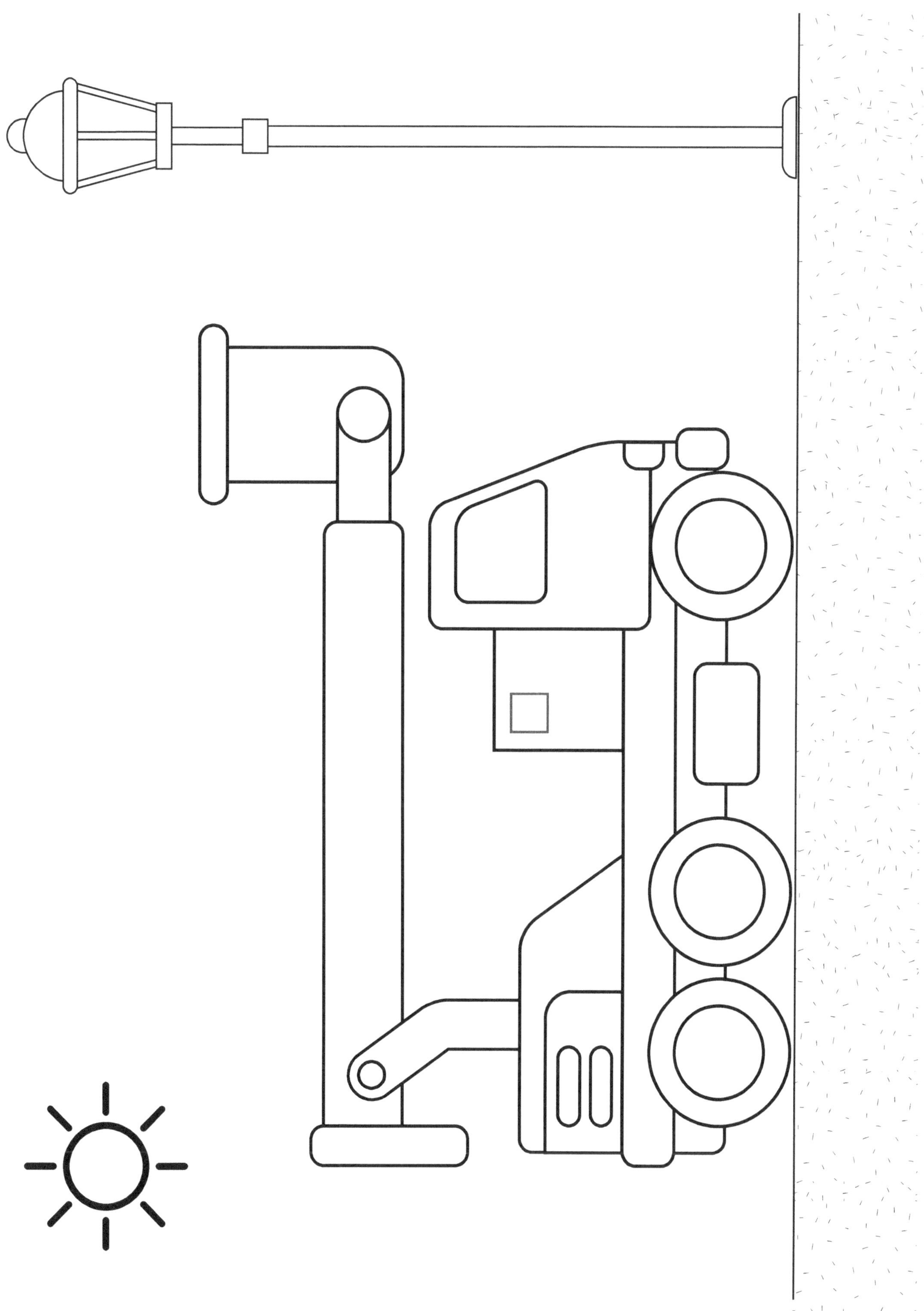

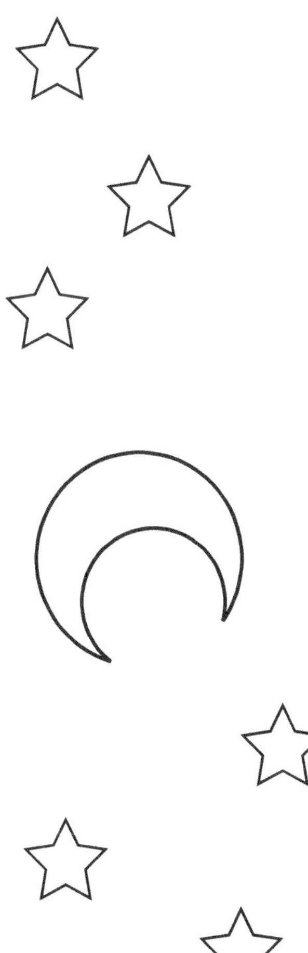

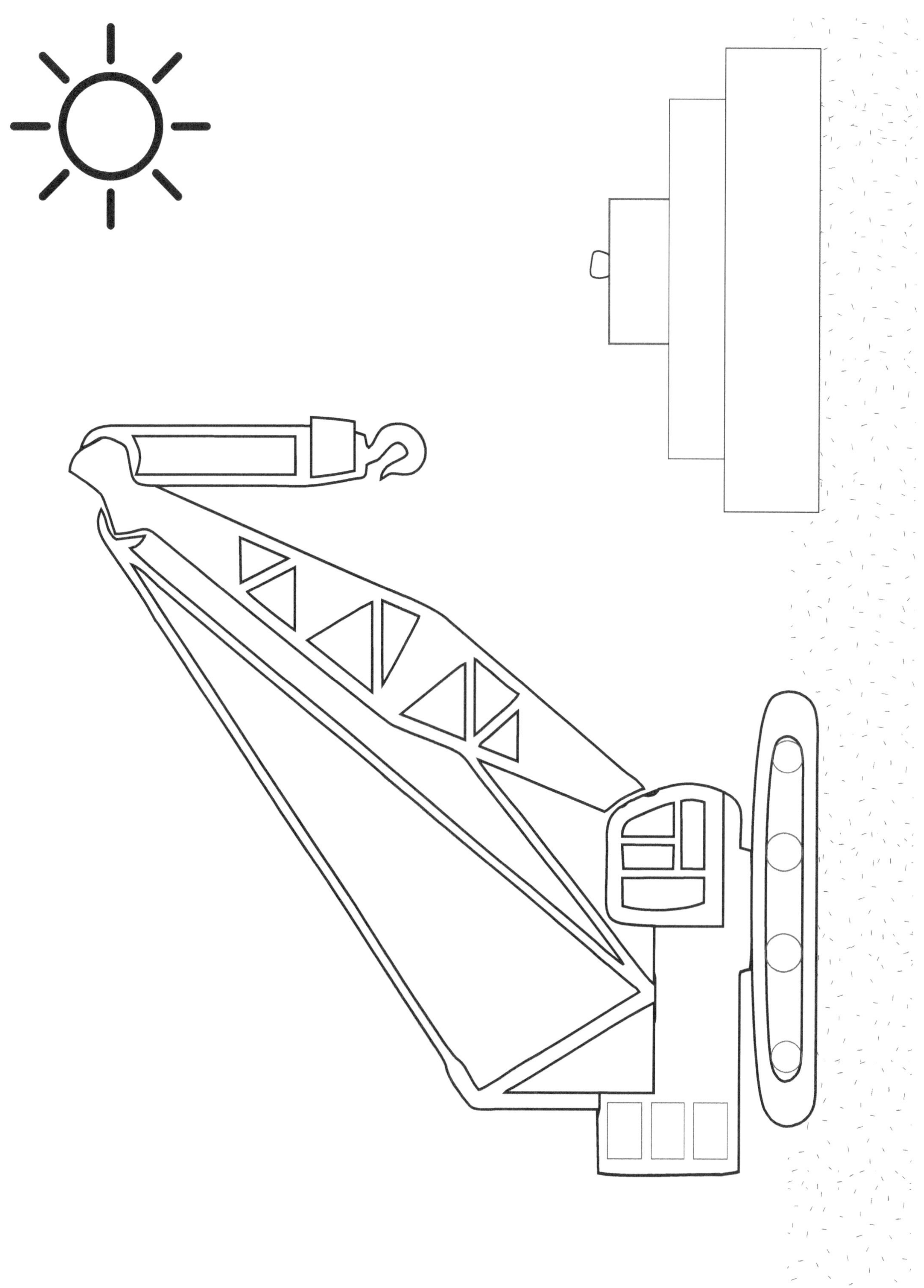

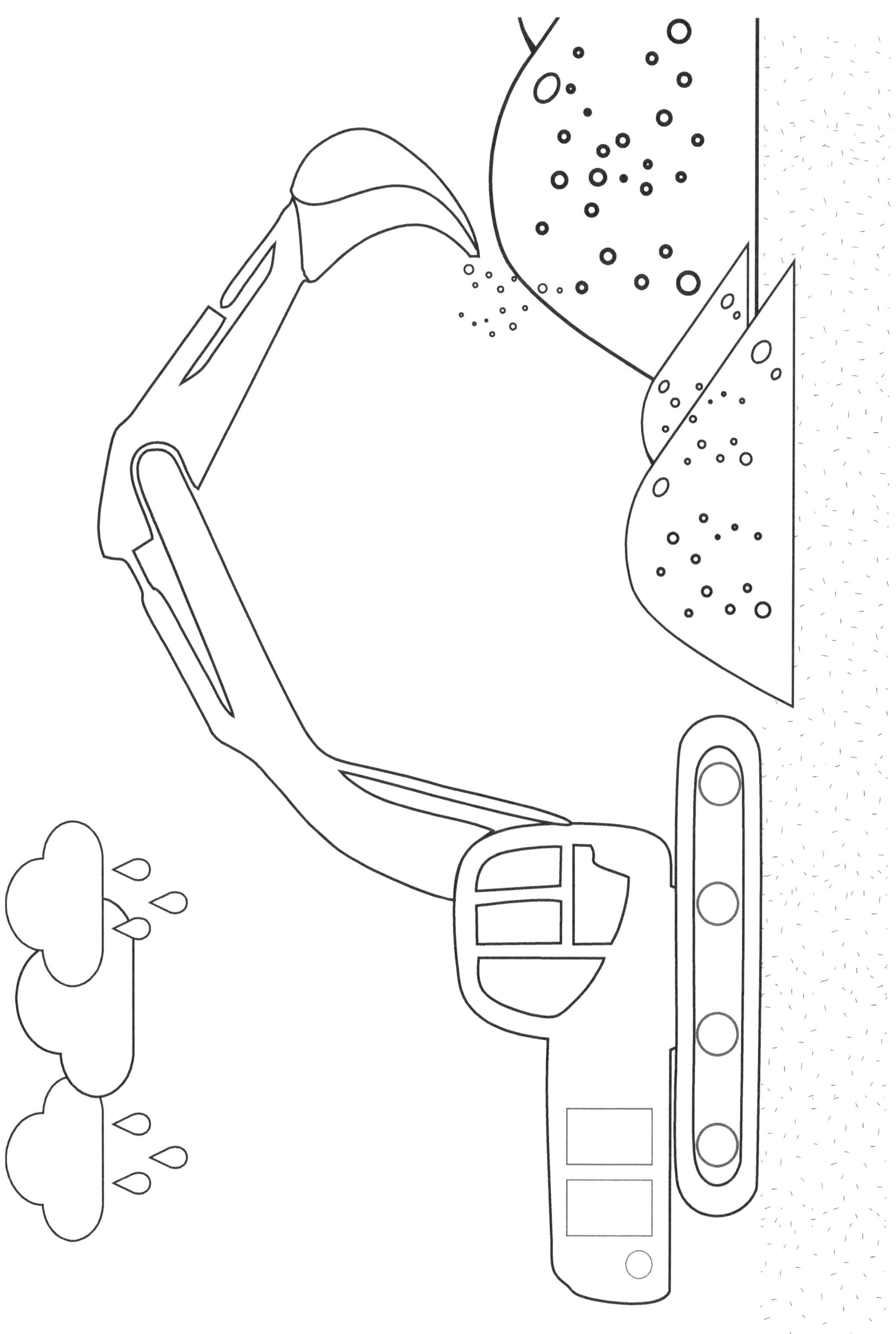

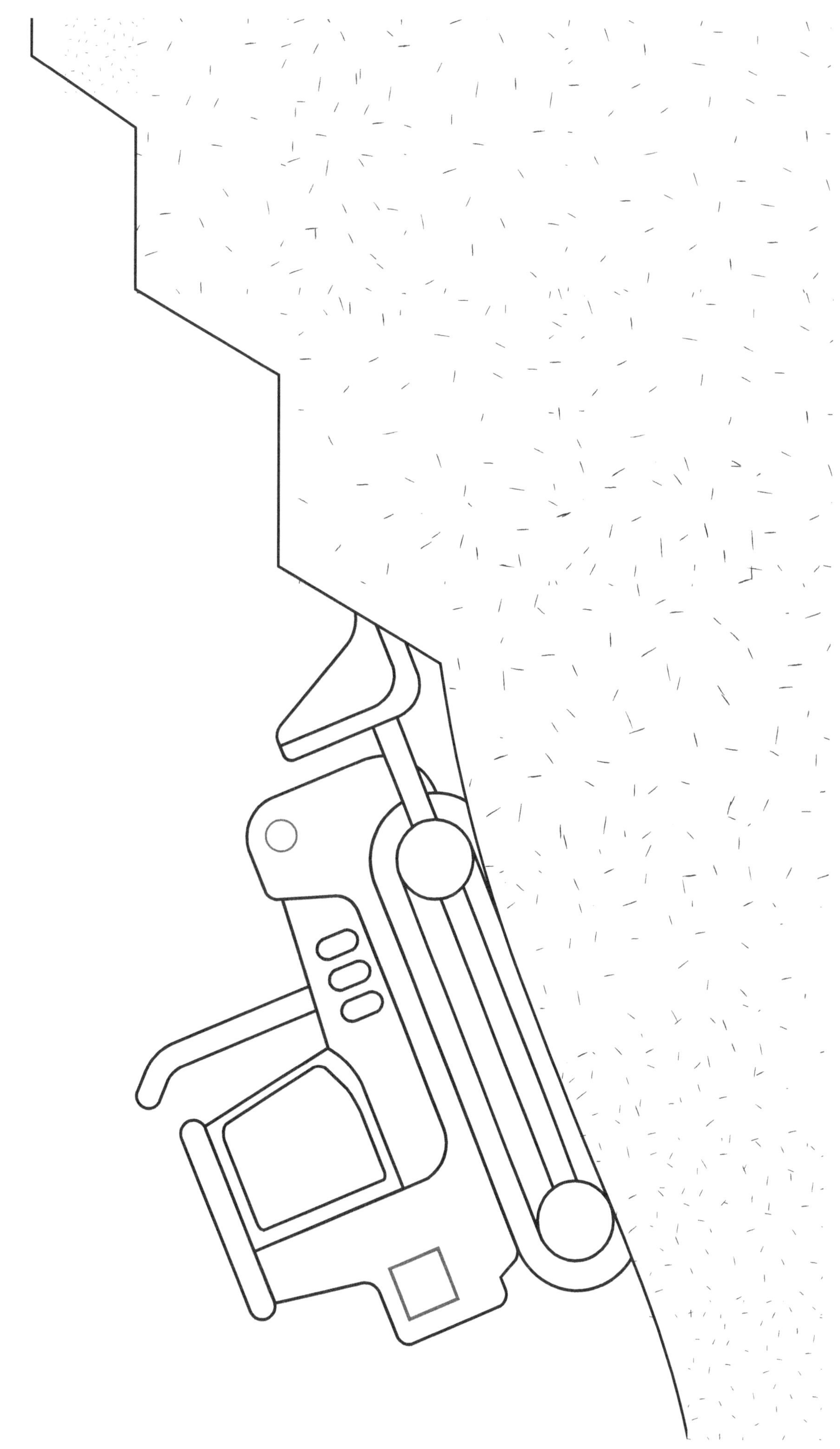

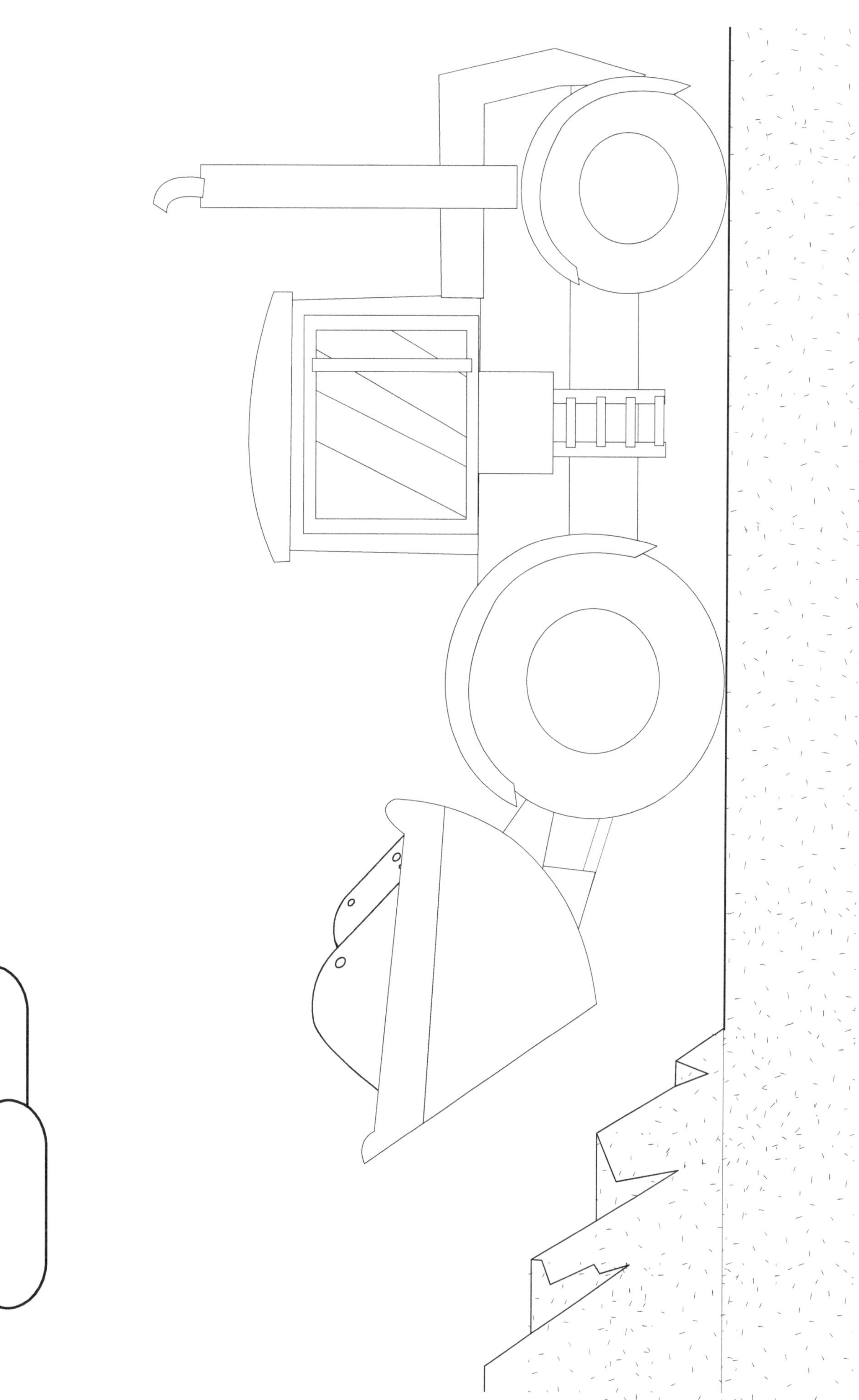

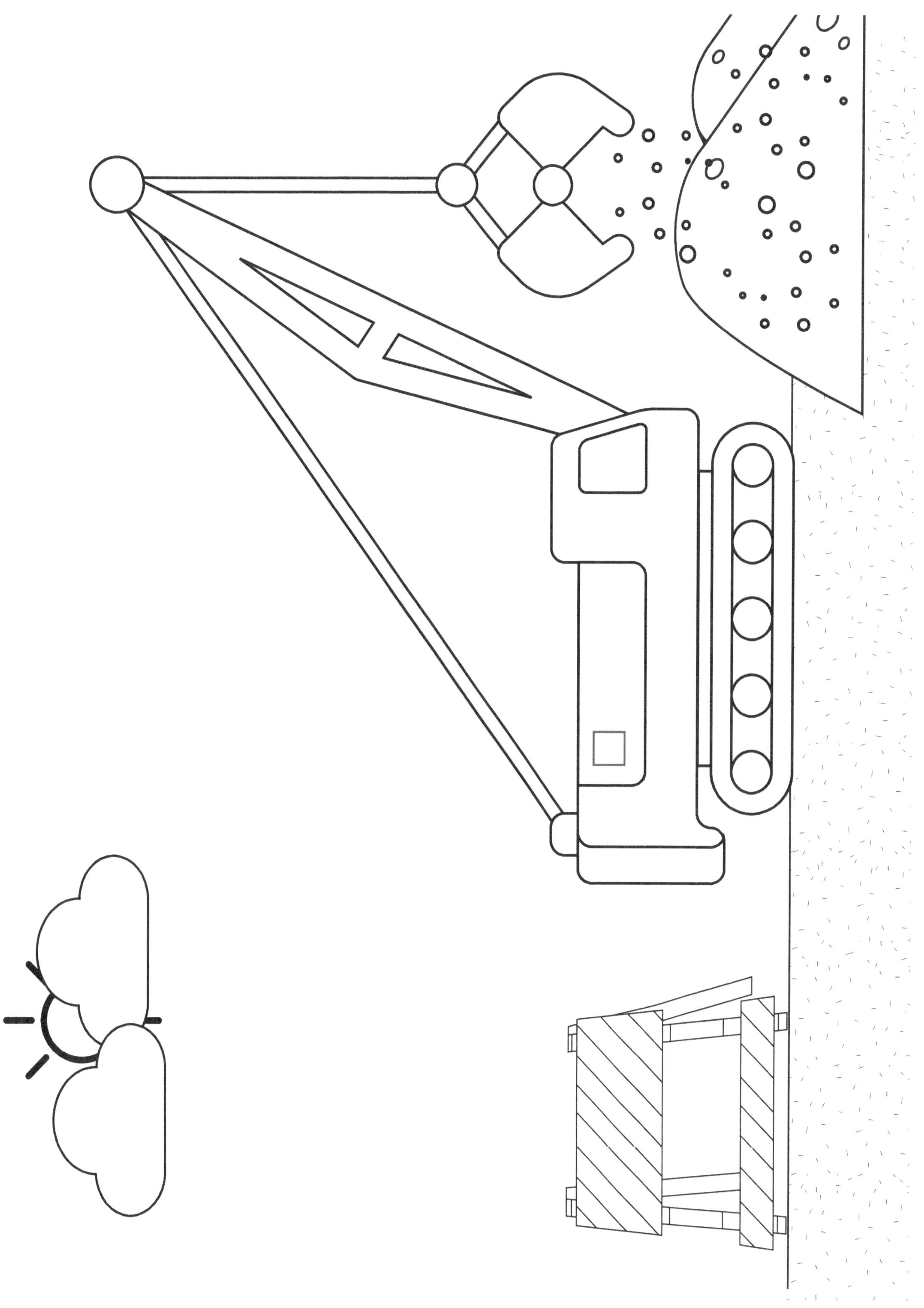

Ich wäre Ihnen dankbar,
wenn Sie Ihre Meinung schreiben würden.